Koronamaailma

Jyrki Leskelä

Koronamaailma

Kustantaja: BoD – Books on Demand, Helsinki, Suomi
Valmistaja: BoD – Books on Demand, Norderstedt, Saksa

ISBN: 978-952-80-2366-1

Minä olen tuuli

Minä olen tuuli

Syleilen maailmaa ja hyväilen

Suutelen sademetsien sammakoita

Amazonin virrassa väistelen väkäleukoja

Leikin leopardien turkissa savannilla

Tyynnytän delfiinejä tyynenmeren aalloilla

Niagaran putouksissa saan hekumani huipun

Seuralaisena salaisessa laguunissa suhisen

Rakastelen ruohikossa

Hetkisen hellin huokailevaista

Minä olen tuuli

Ikuinen, kuolematon

Mutta nyt minä pelkään

Poika nimeltä Padabim

Peiliin katsoo
poika nimeltä Padabim

Peili näyttää väärin

Pitäisi olla:
pyöreät posket
pitkät vaaleat hiukset
viekas hymy kohti korvia

Metsään juoksee Padabim
Yli aitojen ja pihojen
Juoksee vaikka virtsa karkaa

Poika nousee koivun latvaan
Miettii että hyppää
Saisi kivun loppumaan

Tulee kesä
Tulee talvi
Vierii vuosikymmeniä

Vieressä loikoilee

Vaaleahiuksinen jumalatar

Pitsipöksyissään

Ikuiset arvet

karusti kauniit

halkovat ruskeaa vatsaa

miehellä nimeltä Padabim

Salaisuuksia keittiön pöydällä

Salaisuuksia keittiön pöydällä

avattuina

kyynelten välissä

Emalikulhossa höyryävät perunat

Pääruuaksi mehukas tartar-pihvi

Pöydän päädystä tuijottaa totuus

miukaisee ja lähtee pois

Jälkiruoka on yhtä ihanaa

mangomelonisorbettia vadelmien kera

Terveysravintoa,

kehittää elinvoimaa

Sekin vielä, saatana

Sohvalla on helpompi olla

suutelemme sylikkäin

kaikki synnit anteeksi annettuina

niin kuin mitkäkin jeesukset

Televisiosta tulee

modernit miehet

Hyvä sarja

Minä olen Jarkko

Kiven järkäleitä

korkeella harjulla

jyrkänteen reunalla

suuria muhkeita

graniittikiviä

muodoltaan soikeita

melkeinpä kauniiksi

vuosien saatossa

hioutuneet

siinä kun kivellä

korkeella seison

niin tuulen mä tunnen

ja kulkevan nään

pilvien varjojen

ylitse metsien

tasaisten hiekkaisten

aukioiden

kiveltä kivelle

pompin ja sammalen

kirjomaa polkua

kotiinpäin astelen

juoksen ja ihailen

runkoja koivujen

rannalla purojen

risteyksen

Naimajärvellä

Naimajärven rantamaita
Tonkii Aslak harmaaparta
Mailla suen ja sammakoitten
Penkoo puita muodokkaita

Tiiraa sinne
Tiiraa tänne
Pahkakupiksi katselee

Tuska, harmi otsallansa
Hylkää yhden
Toisen taittaa
Löytää viimenki oikian

Toislaitanen on hiukan
vaikka sor ja sillä lailla
saapi olla,
tuumii Aslak

Onpa sitä hänelläkin
nainen ollut melkomoinen
Sitäpä ei moni tiijä

parempikin, mitä noita

Kiskoo koivun kotiansa

Keittää kahvit

Katsoo kauas

Kohta alkaa kaivertaa

Aslak veistää varovasti

Esiin kaivaa kauniin muodon

Kelpaa siitä kahvitella

Karvanaaman kallistella

Taiten tekee tarkkaa työtä

Siloiseksi sitä taikoo

Kaunihiksi koivuhista

Keloposkeksi kuksaa

Oksa heittää hankalaksi

Vaikiammaksi nipukka

Niin on siinä näppärästi

Eipä henno poiskaan laittaa

Saapi olla, mitä tuota

Laitan tuonne

Kaapin päälle

Enpä laita naapurille

Sille veistän toisenlaisen

Tämän otan itselleni

Kahvikuksaksi somaksi

Kaarinan kuvaksi omaksi

Kevät

Lehtien alla unelmoi siili.

Kaduilla kahjona kaahaavat
kaksilahkeiset höyrypäät.

Maapallon poimuista
lentsua myrskyinä rihmoo.

Huomenna pouta.
Hetkinen ollaan yhdessä hiljaa.

Siinä hetkessä

Siinä hetkessä

Lastenhuoneen lattialla

Kolme palapelin palaa

Kiroileva siili

Kouluvihko

Seinältä tippunut

Sini-tarra

Katkennut lyijykynä

Raidalliset

eripariset sukat

Muitakin vaatteita

Särkylääkkeen puolikas

Littanaksi lyöty

Carillo-pullon korkki

Kadonnut kultasormus

Vihkivalokuva,

Puoliksi revitty

Naiseni vuoren rinteellä

Viime vuonna

Nainen löysi uuden uran

Kävi koulut, duunipaikat

Uusi elämänsä koitti ketterästi

Viime kuussa

Nainen otti rakastajan nuoren

Kaatoi kaljan hekumalle

Minä kuuta kaihoisasti katsoin

Ensi vuonna

Nainen nousee Everestin

Kuorman kantaa niskassansa

Kera kuuden ystävänsä

Nostaa maljan taivahalle

Minä täällä rakastan

Enemmän kuin ennen

En enää oikein tiedä ketä

Mutta silti rakastan

Kotimatkarakastajan aamu

Luoksesi tulossa rakas

auringon piirtäessä

varjoja lankkulattiaan

Kaukaa tulen

samasta talosta

toisesta maailmasta

Parivuoteesi kaukana siellä

ihana silkkinen ihosi

kauniit niin kaaresi

koko kehosi rakkaus

ja sydän taas lähellä

Tiedän,

tunnen,

että kohta saan viimein pitää

levottomat vartalomme

yhteen kelattuina

joka solumme toisilleen auki

Aamulla

en muista miten puetaan

Näin ajattelisin

Sinä näinkö sen näit,

sinä kauniina aamuna

katsoen sillalta veteen?

Soman mielesi täyttikö niin

samat ruskeat miehiset kengät

jotka vuoteesi vieressä

oottaen lähtöäs vartoi?

Sinä yöpuvun tahroja tutkien

muistitko vaatteesi vaihtaa?

Eli niinkö sä katsoit

sen sammuvan savukkeen

hehkussa lähtöä varroit,

joka autosi tullessa

ilmoja suuteli

viimeisen haituvan verran?

Sinä kuunnella kaivaten

miestäsi maltoitko koskaan?

Sinä siihenkö kuihdutit

kaunoilla harsitut päivät,

jotka laineina kauhtuvat

tippuvan sormuksen

varjon tullessa maahan?

Sinä näinkö sen näit?

Minä näinkö sen luulisin

viikkojen varjossa käyneen?

Sinä teit mitä teit

mitä vielä en tahtonut

hetkisen huumassa kieltää.

Sitä ihminen toisena

uutena aamuna ollen

tulee tehneeksi kaiken mi

kohtalo kuljetti luokseen.

Sinä näinkö sen näit?

Älä suututa runoilijaa

Suututa se sisäkkösi

kauas karkaa kaunokainen

koti kaatuu

niskaan mutta kestät kyllä

Suututa vain baarimikko

Kuivii kurkku kesken illan

älä huoli

jostain löydät samanlaisen

Suututappas Verottaja

Kerran karjuu virkakarhu

Illan tullen

Lempeästi leiman laittaa

Poliitikon suututtaisit

Paskavuoren niskaan saisit

Koittaa kesä

Kasvaa kasa kukkiansa, ruusujansa

Suututatko runoilijan?

Rakkaudella kostaa hän

syvemmillä suudelmilla

tunti toiseen tunnistansa

sanoillansa sua hellii

sua hellii

kunnes kukat kuoriutuvat

kukkalatvat suoriutuvat

lehdet kellan nuoriutuvat

keijukaisiksi kasvavat

Yhden hengen kuplassa

Väsymättömät
kuplat
yhden hengen
harhavankilat,
mukana
liikkuvat.

Yksittäiset
sanat,
irrallaan
roikkuvat,
haaroittuvat
pallojen
välissä
toisiksensa.

Häivevaloilla
vain
sisäpinnalla
oman napamme
näemme
kuplan

tapamme tunteita

tunnista

tuntiin.

Meidät

kahlitsevat

loisiksensa

muuttuvat

maailmat

ja pallo

josta ei pääse

pois.

Lapsi pöydän alla

siellä on

lapsia

pöytämme alla

juhaveli

nenähali

sukka ja kakara

jakkarapakara

lapsi

oi lapsi

tule jo sieltä

en tule

perkule

kiireet ja muut

maailman paska

nallekäsi

sinitäti

kengät

ja vaatteet

uusi on maailma

aatteet,

uutteet

vanhasetä

punanenä

penkki ja puisto

joskus jos pääsisin

pöytäsi alle

turvana nalle

Vanhat valokuvat

yhdessä kuvassa

tyttö ja poika

lähekkäin aivan

laatikon reunalla

tarkasti tutkivat

suurennuslasilla

hiekkojen muruja

nostavat niitä

pienillä sormilla

oikeisiin kohtiin

keltainen kultaa

ruusua pinkki

lasia kirkas

kysyvä katse

timantti lienee

toisessa kuvassa

lapsoset samat

kulkevat hiljaa

vierellä toisen

kotitien laitaa

kyljessä koivun

viipyvät silmät

oksan kohdassa

kauheimmassa

hymy on viekas

hetkisen aikaa

katsovat silmiin

haikailevaiset

uudessa kuvassa

aikuinen nainen

katselee miestä

miehellä perhe

nainen on ollut

vuosia yksin

toisessa paikassa

mies vielä juoksee

vanhoja muistoja

jäljellä heillä

ja vierekkäin virranneet

elämän juuret

Harmaanunna

Irmeli Murmel

Harmaanunna

kotipalvelija

on erikoinen

Koittaa kesä

kaunis ja kuulas

kohta on yö

kylvyn jälkeen

kaapista löytyy

päällysviitta ja vyö

Käytävässä,

yössä nyt tässä

heiluvi harmaahuntu

kääntävi kasvot

puolehen kultaisen peilin

Harmaanunnan

hoikempi hahmo

hyvä ei paha ei

on erikoinen

Kiinnosta raha ei

sitä on

tätä on

ilojen töitä

suurimmille

pankkiireille

talousjohtajille

nöyrästi kutsua

toteuttaa heilin

aikojen alkuun

ratkesi maailma

kahdeksi osaan

totta on toinen

totta sen toisen

kuuluisi olla

virhettä vasten

maailman railossa

aikamme jatkaa

raskasta matkaa

Harmaanunnamme

kammareissa

juttuja ratkoo

Kertoo hän auliisti

miten ois ollut

a jassa tässä

Maassamme nousisi

kaupungit kauniit

pienet ja somat

ihmisten omat

Kekkonen kakkonen

vallassa kahvan

heikon ja vahvan

Tunnistaa omat

Rauha on suuri

kansamme ympäri

kiertävi muuri

Onnehen auvoiseen

kertoen vien

silmät jo ummistaa

neuvoksetarkin

kuin lapsi pien

Lelukaupassa

Kielletyt tavarat
kauniisti esillä
suuret ja pienet
järkälemäiset

Naisille miehille
aikuisille
poikkeusaikana
sallittu poikkeus

Vaatteita pieniä
haaveiden sieniä
tuostapa kietaisen
nahkaisen paidan tai
silkkisen unelman
nunnan tai hoitajan

Ehkäpä haave on
suojassa naamion
kuiskailla korvaasi
vain

Vitriinin suojissa

silmäillä ehtiä

isojen tyttöjen

aikakauslehtiä

sain

Panomies

pöytä täynnä laatuseuraa
viiniä ja metsäpeuraa

maksajana kukaties
istuu aito panomies

monet baari-illat tehtiin
samaa matkaa juorulehtiin

kotikylän nuorimies
ei koskaan sulle ollut ies

vierineet on vuodet harmaat
monenlaiset
vaihtuneet on sulla armaat

sitä mietin panomies
mistä kaikki temput ties

noinko toimii samat niksit
vieläkö saat niistä kiksit

viinallako tasaat pääsi

vaiko kypäräsi alla

ketterästi

kannat monta ystävääsi

"toisin kulje oma ties"

vastaa vanha panomies

vankina sen saman kaavan

sielullesi

saitko siitä haavan?

yhä jatkat reissujasi

matkalaukku seuranasi

kauemmaksi

vapaammaksi

takaa merten kukaties

vielä löytyy lämmin lies

terve taas ja hyvää matkaa

ystäväni panomies

Raaklle

Alussa

liitäen

lukijan

luo.

Toisena

säkeenä

tärppi.

Runolle

riimistä

rauhaa

vai

rytmiä

rikkoen

rakkaudesta?

Tällä

kohdalla

koukku.

Kerrasta

poikki.

Tähänkö

kerrotaan

kauniisti

kuvattu

kaaos?

Lopussa

laulun

suo

aluksi

alkaa.

Salaperäinen Mr Jack

Mr Jack kun saapuu hiipien

Puussa pöllö pitkäkyntinen

Huhuilee ja nousee siivilleen

Hahmo varkain astuu eteiseen

Ruokapöydän näkee notkuvan

Ottaa palkaksensa makkaran

Takaa katsoo kohta kaappien

Niin kuin jotain sieltä etsien

Kaapin päältä näkee kaiken sen

Vanha käkikello kultainen

Kohta jatkuu matka yöllinen

Olohuoneen kautta leikiten

Sohva levähtämään hetkisen

Päästää laihan hahmon janoisen

Sieltä kylpyhuoneen luo

Vaisto varovaisen hahmon tuo

Ovi kammarin on raollaan

Siitä salavihkaa kuljetaan

Päältä silkkien ja peittojen

Löytyy neito vähäpukeinen

Sinne viereen päälle tyynyjen

Kiertyy kissaherra kehräten

Aurinkohymykukkia

talventokkura

kylmänkekkura

tikkutakki niskassa

revittyjen haaveitten hautamaa

kelmeäksi kauhtuu

sinisten routavarpaitten vapina

tuoksu kuin takkakekäleitten

sukatkin sovussa sulavat

peijakkaat

harmaapareina kaappivalmiit

luuduntuoksuinen ikkunarantu

tallin ovesta

sydänlupauksia kierrätyspinossa

autojen renkaita

itsensä siivoaa kevät

peltopienalla pohjimmalla

korsien keskellä

maamullasta kilvan kiikkuneita

aurinkohymykukkia

odottava katse kasvimaassa

kutsuuko kuulen

kuuntelen

tulen kyllä tulen mutta minne

pölyyn

paahteeseen

Mielikuva

Pyökkien var jossa syrjäinen torppa.

Ovessa avain.

Runo ja sanojen punoja

kiikkustuolissa toisiaan muovaa.

Takassa tuli.

Ikkunan takana lentävät linnut.

Suntio Rantasen etäpäivä

aamulla herää

kahvit keittää

käy kävelyllä

Rantanen tuo

postin katsoo

laittaa ruokaa

kastelee kukat

viiniä juo

siivoaa lattian

kirjettä kirjoittaa

astelee jäyhästi

ikkunan luo

suntio kiikuttaa

uunista hiillokset

ruusujen juurille

terveiset tuo

illalla päänsä tyynylle luo

luojansa hällekin leponsa suo

Miesten saunavuoro

miehillä on saunavuoro

saapuu Martti

saapuu Martti

lautehilla äijäkuoro

nuorimies kun naisen vei

toipui Martti

toipui Martti

jäänyt suremaan kun ei

päälle osti parempaa

yli päätti

yli päätti

mennä että heilahtaa

tällä heittovuorollaan

uutisia

uutisia

tuvassa taas nauretaan

johan alkoi kiinnostaa

mikä toimii

mikä toimii

miten nainen napataan

Martti virne kasvoillaan

vettä heittää

vettä heittää

sitten käypi kertomaan

helposti sen unohtaa

kuinka paljon

kuinka paljon

huomiota tarvitaan

kukkasilla, ruususilla

jatkaa Martti

jatkaa Martti

sormilla ja suudelmilla

kenen kanssa oletkaan?

saman kanssa

saman kanssa

Martti siihen toteaa

suusta nousee sana toinen

ihanata

ihanata

kyllä, vastaa kuoro moinen

vielä vettä uuniin roiskuu

saapuu Mikko

saapuu Mikko

Martti vaieten poistuu

Maalaus

Halusin maalata sinusta taulun.

Kauniista ripsistäsi,

niistä,

jotka vietteleviä sinisiä

silmäsi reunustivat.

Taulun poskistasi joiden

hehku polttavan auringon

alla mieleeni jäi.

Ja hiuksistasi jotka

tuulisena päivänä kaulasi ympäri

villisti kieppuivat.

Vartalosi kireistä

kaarista, niistä

haluni oli suurin.

Maalannut en pensselillä,

en siveltimillä.

Kirjaimilla maalasin.

Kirjat

kirjat

nuo
huonetta kiertävän
hyllymereni
vaativat asiakkaat

paljon on aikaa
paljon on sanojen taikaa
sivuissa noissa

saaliiksi
suljettu
kannen
kapean

sanojen kielen
taituri taitaa
virkistää mielen

keittiön
kohdalla

kolo

josta

kumarassa

kulkee

tietokirjaan öö

runokirjasta aamun

jatkuu rivi

paras kirja

on sellainen

joka juuri ja juuri

päähäni mahtuu

Suo katsella luojasi sun

Suo katsella luojasi sun
myös kiihkeitä kasvojain kun
niin silmällä sielulla suuremmalla
sun tahtoisin huomaavan mun.

Suo sielussa haavoitetun
elon kiireissä unhoitetun
joskus tuntea syömmellä kiivaammalla
myös olleensa kosketetun.

Suo katsella luojani mun
noita kauniita kaarias sun
toisi viereesi lämmöllä rohkeammalla
hän luoksesi rakastetun.

Kuumia lähteitä

kuumassa

kuumassa

lähteen

mutkassa

kylmien

tuulien

Islannissa

sinisen

jäätikön

neitoset

kylpevät

ylpeinä

keskellä

jääpalojen

itselle

saisin

jos sellaisen

joskus

niin

juomaani

laittaisin sen

Käsi kädessä hetkisen matkaa

neulaspolkua

kahden

aurinko, pilvi

päättyy

päättyy

tämäkin päivä

hiipii sutena

keskellä

kuuminta

lemmen

rataa

kenkien pohjat

kariketta

kuivaa

saattavat

ilmoille

nostattaa

otappas ohjat

vuoren

harjalle

reittimme

meidät

johdattaa

tunkkaa

tunkkaa

tyttö ja poika

tämä päivä

käsi

kädessä

hetkisen

matkaa

Katsoppas kultani

katsoppas kultani

kakut on kauniit

keksit

pullat

asettimet

keittimet

vieläkö maistat

sen

katsoppas kultani

kuosit on kalliit

hamoset

hunnut

sukkanauhat

laskokset

vieläkö tunnet

sen

katsoppas kultani

vuodet on pitkät

päivät

viikot

juhlapyhät

rillumareit

vieläkö muistat

sen

Saunalautalla

saunan laitoin

laitureista

puunatuista

ponttooneista

lauttani mun

kannella sun

taivahan kattoa katson

Kuunarin kannella kantele soi

Kuunarin kannella

kantele soi

Nuotteja rakkauden

tanssia voi

Laululla ladattu

laululla

ladattu

lakki

humppahansikkaat

suustani

sävelet

soivat

tahtia

taivas

kuunnella

kajossa

kuun

aarian

kaaria

ilmoille

iloksi

illan

uruista

uljaista

laulaa

ja istua vaan

Kaksikymmentäkaksi suudelmaa

ensimmäinen

suudelma,

odottava

suudelma

toinen,

hento

vaniljainen

maku

kolmannessa

suudelmassa

aavistus

purppuraa

neljäs

suudelma,

sen ensimmäinen

puraisu

viides

suudelma,

olen kissa,
miau

kuudes
suudelma,
suusi on
samettia

seitsemäs
suudelma,
silmiisi
katson

kahdeksas
suudelma,
kahisee
kivasti
kashmir

yhdeksäs
suudelma
suurena
kaarena
aukee

kymmenes

suudelma,

kyltymätön

yhdestoista

suudelma,

yhdessä,

huulien kudelma

kahdestoista

suudelma

kauneuteesi

kietoo

kolmastoista

suudelma,

kosketan

kiihkeästi

korvaa

neljästoista

suudelma,

nenien

nuuhkaisu,

nauru

viidestoista

suudelma

villinä

viettelee

kuudestoista

suudelma,

kämmenet

käsiini

kiedon

seitsemästoista

suudelma,

seitsemän

meren

kostea myrsky

kahdeksastoista

suudelma ja

kauas

karkaa

kaukokaipuu

yhdeksästoista

suudelma,

huulemme

yhdeksi

kasvaa

kahdeskymmenes

suudelma,

kahleet,

kadonneet

kahdeskymmenesensimmäinen

suudelma,

sinä,

minä,

tässä

kahdeskymmeneskahdes

suudelma,

kaihoisa,

lämmin

Valojen leikki

laiturin vieressä

iloinen leikki ja

kalojen karkelo

pienien valojen

toiset on tähtien

peilinä kuvia

veneiden lamppuja

ahventen huvia

silmä on katsojan

kauneutta metsien

heijastus vedestä

koukkua etsien

turha on murhetta

kantaa

ahti kun saalista

antaa

Suuremmat päivät

purttamme oottavat

suuremmat päivät

lauluja laulavat

suuremmat suut

anna jo väistyä

huolien häivät

suuremmat päivät

pian koittaneet on

Kainosti kainosti katson

minä

kainosti

kainosti

katson

vain

kainosti

kainosti

katson

joskus

kaipaisin

katsoa

rohkeammasti

tai

urheammasti

ja

kertoa kauneimmat

tunteeni kuumimmat

silmihin katsoen

seurassa ihmisten

kädestä pitäen

lämpönsä tuntien

yöllisten hetkien

hitaasti kuluen

niin

silti

kainosti

kainosti

katson

vain

kainosti

kainosti

katson

Makuna mukana

kukkaruukusta

salviapensas

kielenkostuttaja

makuna mukana

kirveli

aitona karvas

jalkaväelle

rakuunaa

kalan painikkeeksi

basilikaa

ei liikaa

ei syntiä

timjamia

punaviinissä

rokkikukolle

muodon vuoksi

juomassani

sitrunamelissaa

makuna mukana

Teen talosta toisen

kyprokki paskaksi

perkele

sisulla

sisulla

sisulla

saatana

höyrysulku kasassa

lattian alla

vittu ja saatana

kirveelle töitä

alapohjan seinään

tarkistusreikä

vitun homemittaukset

helvetti haisee

haisee

haisee

talttapuukolla

pikkurilli irti

vittuvittuvittu

yhdellä kädellä

terveyskeskukseen

toisessa kädessä

käärittynä

verta kupliva

toilettitollo

jonon ohi vaan

että heilahtaa

nätti se vasta

hoitaja

rauhoittaa

miehenkin

mielen

neuloo

neuloo

sormea

neuloo

välillä yökkää

takaisin talolle

ei siinä auta

viikko on aikaa

vittu ja paska

sisulla saatana

nukkunut en ole kuukauteen

ei siinä mittään

uudestaan

laitan kaiken paskaksi usko vaan

teen saatana talosta toisen

Kaason vala

kaverista kaunokainen

kaunokaisesta kaaso

kaasoselle kuuma kolli

kuumalta kollilta kolera

kolerasta kipu suuri

suuresta kivusta sulhanen

sulhasella sydänsuru

surusyömmeltä rukkanen

rukkasesta lakitupaan

lakituvasta lakeija

lakeijalta laatuviini

laatuviinistä lupa hengittää

lupauksesta luulot suuret

suuriluulosta suvakki

suvakilta surmanluoti

surmanluoti ja latukka

lattaraudalla lupa tappaa

tappolupa ja vapaus

vapaudessa suuri vaara

Suurivaarasta suttura

sutturalla suruaika

suruaikana saluunaan

saluunasta nuori nainen

nuoresta naisesta narahdus

narahduksesta nuoran pätkä

nuoranpätkästä pärähdys

Silmänräpäys

Silmänräpäys.

Se aika jossa tallentuu kaikki.

Koko vartalon kaaresi vasten

vaaleaa tammilankkulattiaa.

Koko kaunis tapettimme

kuusitoista vuotta sitten

taljalta nurkkiin nostettu.

Koko hallittu kaaos.

Silmänräpäys.

Se aika jossa muuttuu kaikki.

Kuudesti laukeava

aamulla räjähdän

kahvi on loppu

maantiellä manaan

matavaa vanaa

työpaikan tiskillä

mieli on viskillä

kassalla valitan

kassini hintaa

kaljalla kannustan

kankkusen pintaan

pisteeksi illalle

muuten vaan

sohvalle laukean

nukkumaan

Ristiin rastiin Runtelinharjua

runtelinharjun

rintehessä

ruma röttelö

roskana roikkuu

rauhaisessa

rämehessä

romurelluja

ruohossa ruostuu

rauhoitettuja

ruukkukukkia

rikkinäisenä

rannalla roikkuu

rähmäisessä

ryteikössä

risupartakin

rauhassa ryyppää

mutta kaukaisessa

montussa on

suuret ja veriset

hirven luut

Hanneksen masennus

kivi

sydämessä kivi

ei vaan

vatsa kuroo umpeen

vatsa kasvaa

tänään tuli

tyhjää televisiosta

sain

säilykepurkin

puun

oksa

ikkunasta

pois ottaisin

raapimasta

jos voisin

minuutti

maksoit vaivan

kestit tunnit

paskiainen

haukkuisin

jos oisi

virtaa

kuule

pahimpia

tuntoja

ei tunneissa

mitata

syvimpiä

sanoja

sanovat

sekunnit

sanat

sekoavat

pää

pyörii

pois

päivät

katoavat

sama

sekunti

seuraa

samaa

rataa

huomenna

avaan

sen

purkin

Hannes

Rattimittari

enää en käännä mittään

enää en väännä mittään

joutavia varsinkaan

laitoin rattimittarin

ekosäästökyttärin

saattaa mennä mettään

sehän ei haittaa kettään

vaimoani ainakkaan

luona televittarin

katsoo hittimittarin

Kuusikko soi

Rantalan mökillä

saunan takana

nostelee sadetta

TZZXX

TZXXDKSS

TDSCCZTTSS

XTZTZTDDD

etuoven viskaa

mahdoton myräkkää

mummolla kiire

HRFFFFXXX

HNTTFFJ TZHSFFGGGHHHX

HNPFFHHSSSS

HNTHHH

myrskyä pukkaa

luoteesta käsin

ja kaaressa kuusikko soi

Hanttapuli raudoittaa

hanttapuli kun
raudoittaa

kukkaan siitä ei
selvää saa

jallua pullo ja
tuonelan urut

raskasta lällyä
varsia myöten

kalliit on vehkeet
kurasta valmiit

korvissa huomenna
kiitokset soi

förskottipäivänä
juhlia voi

Hulivili

Millainen oikea

hulivili on

eli mitähän se tarkoittaa?

Ja mikähän se oisikaan

sellainen mies

joka kukkaset karkoittaa?

Keikarihattu,

harsittu nuttu,

laakerikenkissä

hymy on tuttu

Mitähän se mielessä

on enkeleillä

kun noin sitä naurattaa?

Rehellisen miehen tunnustus

sinäpä sen sanoit

nyt sanon minä

vittua tuota

tottuutta koitat

var jella multa

rehellisen miehen

sanaan voi luottaa

saattaapi uottaa

että se tuottaa

onnea kulta

rehellisen miehen

tunnustus aina

mieleesi paina

arvokas on se kuin

kotimaan multa

Koronamaailma

Kurittomat väkäset

pallon pinnalla

loisina liikkuvat

solu ja puhkovat puhki

lisää sulle

tilaa mulle

antakaa hupia

antakaa valtaa

hienossa pöydässä

tehkää hyvin

samalla aikaa

maailma pieni

hengityskoneessa

loppuuko happi?

huomaako kukaan?

näkymätön mörkö

ja kuka lohduttaisi nyytiä

Robertin yöt

Robert ensi kerralla jo

nähnyt maat nuo maiset

tummat kulmakarvat hurmanneet jo monta

viisaat silmät pieni varovainen hymy

hoikka muuten niin kuin

ajokoira varreltansa.

Aina etukäteen istahti hän

viereeni tuon satumaisen vuoteen

kertoi tarinoitaan palvotulle.

Tarinoista ensimmäinen niistä

piirsi kuvankauniin mielenmaiseman

jostain vuoristosta luota

alppimajan kosken kuohuvan

siellä kantaisi hän minut

rantaan virran,

virvoittaisi kiihkon nukkuvan,

huokaukset helmaan honkametsän

aamuun huomaisimme hukkuvan.

Tarinoista toinen esiin loihti

hotellimme kylmän lattian.

Karhuntaljalla hän korvahani

kuiskuttelisi sen kertomuksen

jossa linnan torniin kiipeäisi

luokse minun, kadotetun prinsessan.

Päälle pöydän

marmorisen minut käsin kohottaisi

siinä loimussa sen kauniin takkatulen

täyttymykseen toisi tuskan polttavan.

Kolmannessa kukkaloistoansa

kylpi auringossa Amsterdam.

Katsojina katuteatterin olisimme

kauniin eroottisen tarinan,

alastonta josta rohkeutta

paljoakaan ei jää puuttuman.

Yllättäen näyttelijän käsi vetää

meidät mukaan tanssiin kuumimpaan

naamioituneena esittäisimme me

nautintoa, huumaa kahdestaan,

aivan eturivin katsomokin

silmät suurina jäis seisomaan.

Toissa yönä tanssijoita tarun
sairasvuoteellani esiintyi.

Miehet lihaksikkaat monenlaisiin
asentoihin edessäni kerääntyi.

Pian olin kannettuna
kevyesti niin kuin kyyhkynen
hyväilyjä suudelmia
vartalooni vastaanottaen.

Tuntisin sen aikana niin suuren hurmion
että kokisi tää tauti kuolettava tappion.

Tarinoista viimeiseen
hän nosti hekumansa huipulleen.

Keskusteluun rakkaudesta
aloitti hän senkin illan,
kuvitteli meidät luokse joen
kauniin kaarisillan.

Suklaakastiketta levittäisi rakkaalleen
ja takertuisi minuun huulillansa
minä kädet hänen vartalollaan
niin kuin lopulliseen iltaan yhteiseen.

Annan katseeni mä siinä vaeltaa
kun mies tuo venyttelee seisaallaan

Hämyvalo hiuksistaan luo sädekehän, koronan.

Entisestään laihtunut kun on

mä varovasti annan lausunnon:

niin mieluisia ovat riimitkin

vaan totuus silti, Robert parahin,

kai uskothan sä rakas siihenkin?